le Robert benjamin

ANGLAIS

dictionnaire

HarperCollins Publishers

Westerhill Road
Bishopbriggs
Glasgow
G64 2QT
Great Britain

First edition/Première édition 2011

Reprint 10 9 8 7 6 5 4 3

www.collinslanguage.com

Dictionnaires Le Robert
25, avenue Pierre-de-Coubertin
75211 Paris cedex 13
France

www.lerobert.com

ISBN 978-2-84902-989-3

Dépôt légal 2011
Achevé d'imprimer en mai 2012

Printed in China by/Imprimé en Chine
par South China Printing Co., Ltd

COLLECTION DIRIGÉE PAR
Rob Scriven

DIRECTION ÉDITORIALE
Gaëlle Amiot-Cadey

COLLABORATEURS
Laurent Jouet
Jo Kentish
Laurence Larroche
Helen Morrison

COORDINATION ÉDITORIALE
Alex Hepworth

PHOTOCOMPOSITION ET ILLUSTRATIONS
Q2AMedia

Remerciements à Dominique Le Fur (Le Robert)

CD-ROM
Compatibilité PC, Mac
Windows® 7, XP, Vista
Mac OS® (versions 10.5 et suivantes)

Le cahier d'activités et le CD-ROM inclus dans cet
ouvrage ne peuvent être vendus séparément.

Table des matières

a

adult
adulte
He's an **adult**.
C'est un **adulte**.

airport
aéroport
a big **airport**
un grand **aéroport**

and
et
my brother
and me
mon frère
et moi

animal
animal
my favourite **animal**
mon **animal** préféré

after
après
after lunch
après le déjeuner

alarm clock
réveil
Do you have an
alarm clock?
Tu as un **réveil** ?

apple
pomme
a red **apple**
une **pomme** rouge

alien
extra-terrestre
a blue **alien**
un **extra-terrestre** bleu

arm
bras
my right **arm**
mon **bras** droit

afternoon
après-midi
at three o'clock in the
afternoon
à trois heures de
l'**après-midi**

ask
demander à
Ask somebody.
Demande à quelqu'un.

again
encore une
fois
Try **again**!
Essaie **encore
une fois** !

alphabet
alphabet
I know the **alphabet**.
Je connais l'**alphabet**.

b

balloon
ballon
a red **balloon**
un **ballon** rouge

banana
banane
Do you like **bananas**?
Tu aimes les **bananes** ?

beach
(beaches *pluriel*)
plage
We're going to the **beach**.
Nous allons à la **plage**.

baby
(babies *pluriel*)
bébé
a happy **baby**
un **bébé** joyeux

bad
mauvais, mauvaise
bad weather
le **mauvais** temps

basket
panier
an empty **basket**
un **panier** vide

bed
lit
my parents' **bed**
le **lit** de mes parents

bath
bain
I'm in the **bath**.
Je suis dans mon **bain**.

bedroom
chambre
The **bedroom** is tidy.
La **chambre** est bien rangée.

bag
sac
My **bag** is full.
Mon **sac** est plein.

ball
ballon
I'm playing with my **ball**.
Je joue avec mon **ballon**.

be
être
I'**m** happy.
Je **suis** heureuse.

before
avant
before three o'clock
avant trois heures

3

big
grand, grande
a **big** house
une **grande** maison

bike
vélo
I like your **bike**.
J'aime bien
ton **vélo**.

bird
oiseau
a small **bird**
un petit **oiseau**

birthday
anniversaire
It's my **birthday**.
C'est mon **anniversaire**.

black
noir, noire
a **black** car
une voiture **noire**

blanket
couverture
a warm **blanket**
une **couverture** chaude

blue
bleu,
bleue
a **blue** dress
une robe **bleue**

boat
bateau
Can you see the **boat**?
Tu vois le **bateau** ?

body
(bodies *pluriel*)
corps
This is
my **body**.
C'est mon
corps.

book
livre
a big **book**
un gros **livre**

boot
botte
a black **boot**
une **botte** noire

box
(boxes *pluriel*)
boîte
Put it in the **box**.
Mets-le dans la **boîte**.

boy
garçon
He's a **boy**.
C'est un **garçon**.

4

bread
pain
a slice of
bread
une tranche
de **pain**

breakfast
petit déjeuner
a good **breakfast**
un bon **petit déjeuner**

bridge
pont
a very long **bridge**
un **pont** *très long*

bring
apporter
Could you **bring** *me a glass*
of water?
*Tu peux m'***apporter** *un*
verre d'eau ?

brother
frère
This is my **brother**.
C'est mon **frère**.

bucket
seau
a blue **bucket**
un **seau** *bleu*

burger
hamburger
I love **burgers**.
J'adore les **hamburgers**.

bus
(buses *pluriel*)
bus
I go to school by **bus**.
Je vais à l'école en **bus**.

butter
beurre
Can you pass me the
butter?
Tu peux me passer
le **beurre** ?

butterfly
(butterflies *pluriel*)
papillon
a pretty **butterfly**
un joli **papillon**

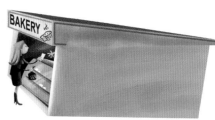

buy
acheter
She's **buying** *bread.*
Elle **achète** *du pain.*

C

candle
bougie
*Where are the **candles**?*
*Où sont les **bougies** ?*

cap
casquette
*I've lost my **cap**.*
*J'ai perdu ma **casquette**.*

car
voiture
*a fast **car***
*une **voiture** rapide*

card
carte
*a birthday **card***
*une **carte** d'anniversaire*

castle
château
*a pretty **castle***
*un joli **château***

cat
chat
*My **cat**'s called Ginger.*
*Mon **chat** s'appelle Ginger.*

chair
chaise
*That's my **chair**.*
*C'est ma **chaise**.*

cheese
fromage
*Do you want some **cheese**?*
*Tu veux du **fromage** ?*

chicken
poulet
*I like **chicken**.*
*J'aime le **poulet**.*

cake
gâteau
*a birthday **cake***
*un **gâteau** d'anniversaire*

calendar
calendrier
*Look at the **calendar**.*
*Regarde le **calendrier**.*

call
appeler
***Call** this number.*
***Appelle** ce numéro.*

carpet
moquette
*The **carpet** is green.*
*La **moquette** est verte.*

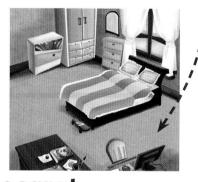

carrot
carotte
*I don't like **carrots**.*
*Je n'aime pas les **carottes**.*

child
(children *pluriel*)
enfant
*He's a **child**.*
*C'est un **enfant**.*

chocolate
chocolat
*My brother loves **chocolate**.*
*Mon frère adore le **chocolat**.*

chopsticks
baguettes
*I can eat with **chopsticks**.*
*Je sais manger avec des **baguettes**.*

cinema
cinéma
*We're going to the **cinema**.*
*Nous allons au **cinéma**.*

circle
cercle
*a yellow **circle***
*un **cercle** jaune*

circus
(circuses *pluriel*)
cirque
*Do you like the **circus**?*
*Tu aimes le **cirque** ?*

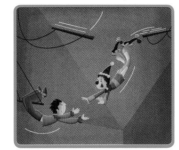

classroom
classe
*in the **classroom***
*dans la **classe***

clean
propre
*a **clean** shirt*
*une chemise **propre***

clock
pendule
*The **clock** is on the wall.*
*La **pendule** est sur le mur.*

clothes
vêtements
*my favourite **clothes***
*mes **vêtements** préférés*

cloud
nuage
*Can you see the **clouds**?*
*Tu vois les **nuages** ?*

clown
clown
*a funny **clown***
*un **clown** rigolo*

coat
manteau
a pink coat
un manteau rose

coffee
café
a cup of coffee
une tasse de café

cold
froid, froide
The water's cold.
L'eau est froide.

come
venir
Come with me.
Viens avec moi.

computer
ordinateur
Turn off the computer.
Éteins l'ordinateur.

cook
cuisiner
I can cook.
Je sais cuisiner.

costume
costume
my favourite
costume
mon costume
préféré

countryside
campagne
in the countryside
à la campagne

cow
vache
a greedy cow
une vache gourmande

cry
pleurer
Why are you crying?
Pourquoi tu pleures ?

curtain
rideau
Open the curtains.
Ouvre les rideaux.

d

dad
papa
This is my dad.
C'est mon papa.

dance
danser
I like dancing.
J'aime danser.

dangerous
dangereux,
dangereuse
It's dangerous!
C'est dangereux !

daughter
fille
I'm his daughter.
Je suis sa fille.

day
jour
What day is it today?
Quel jour sommes-nous ?

dessert
dessert
Do you want some dessert?
Tu veux du dessert ?

dictionary
(dictionaries *pluriel*)
dictionnaire
This is my dictionary.
C'est mon dictionnaire.

difficult
difficile
It's difficult.
C'est difficile.

dinner
dîner
after dinner
après le dîner

dinosaur
dinosaure
I like dinosaurs.
J'aime les dinosaures.

dirty
sale
My shoes are dirty.
Mes chaussures sont sales.

do
faire
What are you doing?
Qu'est-ce que tu fais ?

doctor
médecin
*a kind **doctor***
*un gentil **médecin***

door
porte
*behind the **door***
*derrière la **porte***

dream
rêve
*an amazing **dream** un **rêve** incroyable*

dog
chien
*I have a **dog**.
J'ai un **chien**.*

downstairs
en bas
*I'm **downstairs**!
Je suis **en bas** !*

dress
(dresses *pluriel*)
robe
*a blue **dress**
une **robe** bleue*

doll
poupée
*my sister's **doll**
la **poupée** de ma sœur*

dragon
dragon
*a story about **dragons**
une histoire de **dragons***

drink
boire
***Drink** your milk.
Bois ton lait.*

dolphin
dauphin
*Look at the **dolphin**!
Regarde le **dauphin** !*

draw
dessiner
***Draw** a house.
Dessine une maison.*

duck
canard
*a yellow **duck**
un **canard** jaune*

DVD
DVD
*my new **DVD**
mon nouveau **DVD***

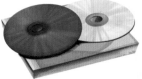

e

ear
oreille
*my right **ear***
mon **oreille** droite

Earth
Terre
*This is the **Earth**.*
*C'est la **Terre**.*

easy
facile
*It's **easy**!*
*C'est **facile** !*

eat
manger
*I **eat** a lot of sweets.*
*Je **mange** beaucoup de bonbons.*

egg
œuf
*There's an **egg** in the nest.*
*Il y a un **œuf** dans le nid.*

elephant
éléphant
*a big **elephant***
un gros **éléphant**

email
mail
*Send me an **email**.*
*Envoie-moi un **mail**.*

empty
vide
*The bottle is **empty**.*
*La bouteille est **vide**.*

evening
soir
*at six o'clock in the **evening***
à six heures du **soir**

every
tout, toute
***every** day*
tous les jours

exercise
exercice
*a difficult **exercise***
un **exercice** difficile

eye
œil
*my left **eye***
mon **œil** gauche

f

face
figure
*Wash your **face**.*
*Lave-toi la **figure**.*

fairy
(fairies pluriel)
fée
*a little **fairy***
*une petite **fée***

family
(families pluriel)
famille
*our **family***
*notre **famille***

fast
vite
*You walk **fast**.*
*Tu marches **vite**.*

father
père
*This is my **father**.*
*C'est mon **père**.*

favourite
préféré,
préférée
Blue's my
***favourite** colour.*
Ma couleur
***préférée**, c'est*
le bleu.

find
trouver
*I can't **find** my bag.*
*Je ne **trouve** plus*
mon sac.

finger
doigt
Show me
*your **fingers**.*
*Montre-moi tes **doigts**.*

fire
feu
*Don't come near the **fire**.*
*Ne t'approche pas du **feu**.*

fireworks *pluriel*
feu d'artifice
*Do you like **fireworks**?*
*Tu aimes les **feux d'artifice** ?*

first
premier,
première
*the **first** day*
*le **premier** jour*

fish
(fish pluriel)
poisson
*I have a new **fish**.*
*J'ai un nouveau **poisson**.*

a b c d e f g h i j k l m n o p q r s t u v w x y z

floor
*Sit **on the floor**.*
*Assieds-toi **par terre**.*

flower
fleur
*a pretty **flower***
*une jolie **fleur***

fly
(flies pluriel)
mouche
*There's a **fly** in*
my bedroom.
*Il y a une **mouche***
dans ma chambre.

food
nourriture
*I like American **food**.*
*J'aime la **nourriture***
américaine.

football
football
*They're playing **football**.*
*Ils jouent au **football**.*

forest
forêt
*a walk in the **forest***
*une promenade dans la **forêt***

fork
fourchette
*Can I have a **fork**?*
Je peux avoir une
***fourchette** ?*

fridge
frigo
*It's in the **fridge**.*
*C'est dans le **frigo**.*

friend
ami, amie
*He's my **friend**.*
*C'est mon **ami**.*

frog
grenouille
*Look at the **frog**!*
*Regarde la **grenouille** !*

from
de
*a letter **from** my friend*
*une lettre **de** mon ami*

fruit
fruit
*lots of **fruit***
*beaucoup de **fruits***

full
plein,
pleine
*The bottle's **full**.*
La bouteille
*est **pleine**.*

funny
drôle
*It's very **funny**.*
*C'est très **drôle**.*

a
b
c
d
e
f
g
h
i
j
k
l
m
n
o
p
q
r
s
t
u
v
w
x
y
z

g

game
jeu
We're playing a **game**.
On joue à un **jeu**.

garage
garage
The car is in the **garage**.
La voiture est dans le **garage**.

garden
jardin
a big **garden**
un grand **jardin**

ghost
fantôme
Do you believe in **ghosts**?
Tu crois aux **fantômes** ?

giant
géant
It's a **giant**.
C'est un **géant**.

giraffe
girafe
a very tall **giraffe**
une très grande **girafe**

girl
fille
She's a **girl**.
C'est une **fille**.

give
donner
Give me the book, please.
Donne-moi le livre, s'il te plaît.

glass
(glasses *pluriel*)
verre
The **glass** is empty.
Le **verre** est vide.

glasses
lunettes
Where are my **glasses**?
Où sont mes **lunettes** ?

glove
gant
I've lost my **gloves**.
J'ai perdu mes **gants**.

glue
colle
Do you have any **glue**?
Tu as de la **colle** ?

go
aller
*Where **are** you **going**?*
*Où **vas**-tu ?*

goat
chèvre
*a young **goat***
*une jeune **chèvre***

goldfish
(goldfish *pluriel*)
poisson rouge
*I have a **goldfish**.*
*J'ai un **poisson rouge**.*

good
bon, bonne
*That's a **good** idea.*
*C'est une **bonne** idée.*

goodbye
au revoir
*Say **goodbye**.*
*Dis **au revoir**.*

grapes *pluriel*
raisin
*I like **grapes**.*
*J'aime le **raisin**.*

grass
herbe
*green **grass***
*de l'**herbe** verte*

ground
*We sat **on the ground**.*
*Nous nous sommes assis **par terre**.*

grow
grandir
*Haven't you **grown**!*
*Comme tu **as grandi** !*

guinea pig
cochon d'Inde
*Do you have a **guinea pig**?*
*Tu as un **cochon d'Inde** ?*

guitar
guitare
*I play the **guitar**.*
*Je joue de la **guitare**.*

a
b
c
d
e
f
g
h
i
j
k
l
m
n
o
p
q
r
s
t
u
v
w
x
y
z

15

h

happy
heureux, heureuse
*She is **happy**.*
*Elle est **heureuse**.*

head
tête
*the boy's **head***
*la **tête** du garçon*

hair *singulier*
cheveux
*He's got black **hair**.*
*Il a les **cheveux** noirs.*

hear
entendre
*I can't **hear** you.*
*Je ne t'**entends** pas.*

hard
dur, dure
*This cheese is very **hard**.*
*Ce fromage est très **dur**.*

hairdresser
coiffeur, coiffeuse
*My dad's a **hairdresser**.*
*Mon papa est **coiffeur**.*

hedgehog
hérisson
*a baby **hedgehog***
*un bébé **hérisson***

hat
chapeau
*I can't find my **hat**.*
*Je ne trouve plus mon **chapeau**.*

helicopter
hélicoptère
*a red **helicopter***
*un **hélicoptère** rouge*

hamster
hamster
*We have a **hamster**.*
*On a un **hamster**.*

hand
main
*Show me your **hands**.*
*Montre-moi tes **mains**.*

have
avoir
*I **have** a bike.*
*J'**ai** un vélo.*

hello
bonjour
*Say **hello**.*
*Dis **bonjour**.*

16

here
ici
I live here.
J'habite ici.

horse
cheval
My cousin has a horse.
Ma cousine a un cheval.

house
maison
This is my house.
C'est ma maison.

hide
se cacher
She's hiding under the bed.
Elle se cache sous le lit.

hospital
hôpital
He's in hospital.
Il est à l'hôpital.

hungry
I'm hungry.
J'ai faim.

holiday *singulier*
vacances
We're on holiday.
Nous sommes en vacances.

hot
chaud, chaude
a hot bath
un bain chaud

hurry up
Hurry up, children!
Dépêchez-vous, les enfants !

homework *singulier*
devoirs
I have lots of homework.
J'ai beaucoup de devoirs.

hour
heure
an hour ago
il y a une heure

husband
mari
He's her husband.
C'est son mari.

a b c d e f g h i j k l m n o p q r s t u v w x y z

i

j

jigsaw puzzle
*He's doing a **jigsaw**.*
*Il fait un **puzzle**.*

ice cream
glace
*I love **ice cream**!*
*J'adore la **glace** !*

jacket
veste
*Put your **jacket** on.*
*Mets ta **veste**.*

job
travail
*an interesting **job***
*un **travail** intéressant*

idea
idée
*I have an **idea**.*
*J'ai une **idée**.*

jam
confiture
*strawberry **jam***
*de la **confiture** de fraises*

juice
jus
*I'd like some orange **juice**.*
*Je voudrais du **jus** d'orange.*

insect
insecte
*It's an **insect**.*
*C'est un **insecte**.*

jeans *pluriel*
jean
my favourite jeans
*mon **jean** préféré*

island
île
*Can you see the **island**?*
*Tu vois l'**île** ?*

jump
sauter
Jump!
Saute !

keep
garder
You can **keep** the book.
Tu peux **garder** le livre.

key
clé
I've lost my **key**.
J'ai perdu ma **clé**.

kid
gamin, gamine
He's a **kid**.
C'est un **gamin**.

kind
gentil, gentille
a **kind** person
une personne **gentille**

king
roi
It's a story about a **king**.
C'est l'histoire d'un **roi**.

kiss
(kisses *pluriel*)
bisou
Give me a **kiss**.
Fais-moi
un **bisou**.

kitchen
cuisine
in the **kitchen**
dans la **cuisine**

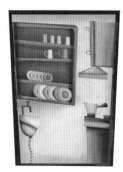

kite
cerf-volant
Do you have a **kite**?
Tu as un **cerf-volant** ?

kitten
chaton
a little **kitten**
un petit **chaton**

knee
genou
Touch your **knee**.
Touche-toi le **genou**.

knife
(knives *pluriel*)
couteau
Pass me the **knife**.
Passe-moi le **couteau**.

know
savoir
I don't **know**.
Je ne **sais** pas.

a b c d e f g h i j **k** l m n o p q r s t u v w x y z

lady
(ladies *pluriel*)
dame
*She's a **lady**.*
*C'est une **dame**.*

lake
lac
*a quiet **lake***
*un **lac** tranquille*

lamb
agneau
*a little **lamb***
*un petit **agneau***

lamp
lampe
*Turn on the **lamp**.*
*Allume la **lampe**.*

laptop
portable
*Dad's **laptop***
*le **portable** de Papa*

late
en retard
*I'm **late** for school.*
*Je suis **en retard** pour l'école.*

laugh
rire
*Why **are** you **laughing**?*
*Pourquoi tu **ris** ?*

learn
apprendre
*I'm **learning** to dance.*
*J'**apprends** à danser.*

leg
jambe
*This is my **leg**.*
*C'est ma **jambe**.*

lemon
citron
*Dad needs some **lemons**.*
*Papa a besoin de **citrons**.*

less
moins
*I've got **less** than him!*
*J'en ai **moins** que lui !*

letter
lettre
*It's a **letter** from my aunt.*
*C'est une **lettre** de ma tante.*

light
lumière
*Turn on the **light**.*
*Allume la **lumière**.*

a b c d e f g h i j k **l** m n o p q r s t u v w x y z

like
aimer
*I **like** cherries.*
*J'**aime** les cerises.*

lion
lion
*I don't like **lions**.*
*Je n'aime pas les **lions**.*

listen
écouter
Listen to me!
***Écoute**-moi !*

little
petit, petite
*a **little** girl*
*une **petite** fille*

live
habiter
*I **live** here.*
*J'**habite** ici.*

look
regarder
Look at the picture.
***Regarde** cette image.*

lose
perdre
*I'**ve lost** my purse.*
*J'**ai perdu** mon porte-monnaie.*

lost
perdu, perdue
*I'm **lost**.*
*Je suis **perdu**.*

loud
fort, forte
*It's too **loud**.*
*C'est trop **fort**.*

love
aimer
*I **love** you.*
*Je t'**aime**.*

lucky
*You're **lucky**!*
Tu as de la chance !

lunch
(lunches *pluriel*)
déjeuner
*my **lunch***
*mon **déjeuner***

a b c d e f g h i j k **l** m n o p q r s t u v w x y z

21

m

magician
magicien

*My uncle is a **magician**.*
*Mon oncle est **magicien**.*

make
faire

*I'm going to **make** a cake.*
*Je vais **faire** un gâteau.*

man
(men *pluriel*)
homme

*He's a **man**.*
*C'est un **homme**.*

many
beaucoup de

*He hasn't got **many** friends.*
*Il n'a pas **beaucoup d'**amis.*

market
marché

*I'm going to the **market**.*
*Je vais au **marché**.*

meal
repas

*a good **meal***
*un bon **repas***

meat
viande

*I don't eat **meat**.*
*Je ne mange pas de **viande**.*

medicine
médicament

*Take your **medicine**.*
*Prends ton **médicament**.*

meet
rencontrer

*I **met** my friend in town.*
*J'**ai rencontré** mon amie en ville.*

mermaid
sirène

*a pretty **mermaid***
*une jolie **sirène***

mess
bazar

*It's a **mess** in here!*
*C'est le **bazar** ici !*

milk
lait

*I drink **milk** every day.*
*Je bois du **lait** tous les jours.*

22

money
argent
Do you have any money?
Tu as de l'argent ?

monkey
singe
a funny monkey
un singe rigolo

monster
monstre
a green monster
un monstre vert

month
mois
What month is it?
Quel mois sommes-nous ?

moon
lune
the moon and the stars
la lune et les étoiles

more
plus de
There are more girls than boys.
Il y a plus de filles que de garçons.

morning
matin
at seven o'clock in the morning
à sept heures du matin

mother
mère
This is my mother.
C'est ma mère.

motorbike
moto
My brother wants a motorbike.
Mon frère veut une moto.

mountain
montagne
Can you see the mountain?
Tu vois la montagne ?

mouse
(mice *pluriel*)
souris
a grey mouse
une souris grise

mouth-
bouche
Open your mouth.
Ouvre la bouche.

mum
maman
This is my mum.
C'est ma maman.

music
musique
I'm listening to music.
J'écoute de la musique.

a
b
c
d
e
f
g
h
i
j
k
l
m
n
o
p
q
r
s
t
u
v
w
x
y
z

n

name
nom
*That's a nice **name**.*
*C'est un joli **nom**.*

need
avoir besoin de
*I **need** a rubber.*
*J'**ai besoin d**'une gomme.*

neighbour
voisin, voisine
*Our **neighbours** are nice.*
*Nos **voisins** sont gentils.*

newspaper
journal
*Dad's reading the **newspaper**.*
*Papa lit le **journal**.*

next
prochain, prochaine
*the **next** street on the left*
*la **prochaine** rue à gauche*

nice
gentil, gentille
*He's **nice**.*
*Il est **gentil**.*

night
nuit
*It's **night**.*
*C'est la **nuit**.*

noise
bruit
*I don't like **noise**.*
*Je n'aime pas le **bruit**.*

nose
nez
*Point to your **nose**.*
*Montre ton **nez**.*

nothing
rien
*He does **nothing**.*
*Il ne fait **rien**.*

now
maintenant
*Do it **now**!*
*Fais-le **maintenant** !*

number
chiffre
*a **number** between 1 and 9*
*un **chiffre** entre 1 et 9*

nurse
infirmier, infirmière
*My sister's a **nurse**.*
*Ma sœur est **infirmière**.*

o

p

only
seul, seule
*my **only** dress*
*ma **seule** robe*

of
de
*some photos **of** my family*
*des photos **de** ma famille*

old
vieux, vieille
*an **old** dog*
*un **vieux** chien*

open
ouvrir
*Can I **open** the window?*
*Est-ce que je peux **ouvrir** la fenêtre ?*

other
autre
*on the **other** side of the street*
*de l'**autre** côté de la rue*

page
page
*What **page** are we on?*
*On est à quelle **page** ?*

paint
peindre
*I'm going to **paint** it green.*
*Je vais le **peindre** en vert.*

paper
papier
*Can I have some **paper**?*
*Je peux avoir du **papier** ?*

parents
parents
*They are my **parents**.*
*C'est mes **parents**.*

passport
passeport
*Your **passport**, please.*
*Votre **passeport**, s'il vous plaît.*

people
gens
*The **people** are waiting.*
*Les **gens** attendent.*

park
parc
*We're going to the **park**.*
*On va au **parc**.*

pasta *singulier*
pâtes
*We're having **pasta** for lunch.*
*On mange des **pâtes** au déjeuner.*

pet
animal
*I have three **pets**.*
*J'ai trois **animaux**.*

photo
photo
*Who's in the **photo**?*
*C'est qui sur la **photo** ?*

peas
petits pois
*I like **peas**.*
*J'aime les **petits pois**.*

party
(parties *pluriel*)
fête
*a great **party***
*une super **fête***

pen
stylo
*a blue **pen***
*un **stylo** bleu*

piano
piano
*My brother plays the **piano**.*
*Mon frère joue du **piano**.*

pencil
crayon
*Do you have a **pencil**?*
*Tu as un **crayon** ?*

picnic
pique-nique
Let's have a picnic!
Si on faisait un pique-nique ?

picture
dessin
Can you draw me a picture?
Tu peux me faire un dessin ?

pirate
pirate
an old pirate
un vieux pirate

pizza
pizza
I love pizza!
J'adore les pizzas !

plane
avion
a very big plane
un très gros avion

plant
plante
Buy her a plant.
Achète-lui une plante.

plate
assiette
Can you pass me a plate?
Tu peux me passer une assiette ?

play
jouer
I play tennis.
Je joue au tennis.

playground
aire de jeux
We're going to the playground.
Nous allons à l'aire de jeux.

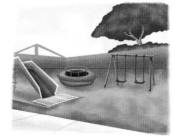

pocket
poche
in my pocket
dans ma poche

pocket money
argent de poche
My father gives me pocket money.
Mon père me donne de l'argent de poche.

police
police
He works for the police.
Il travaille dans la police.

pony
(ponies *pluriel*)
poney
Do you have a pony?
Tu as un poney ?

a
b
c
d
e
f
g
h
i
j
k
l
m
n
o
p
q
r
s
t
u
v
w
x
y
z

postcard
carte postale
*Send me a **postcard**.*
*Envoie-moi une **carte postale**.*

postman
(postmen *pluriel*)
facteur
*He's a **postman**.*
*Il est **facteur**.*

potato
(potatoes *pluriel*)
pomme de terre
*Do you like **potatoes**?*
*Est-ce que tu aimes les **pommes de terre** ?*

present
cadeau
*a birthday **present***
*un **cadeau** d'anniversaire*

pretty
joli, jolie
*a **pretty** dress*
*une **jolie** robe*

prince
prince
*a young **prince***
*un jeune **prince***

princess
(princesses *pluriel*)
princesse
*a pretty **princess***
*une jolie **princesse***

puppet
marionnette
*I like **puppets**.*
*J'aime les **marionnettes**.*

puppy
(puppies *pluriel*)
chiot
*a little **puppy***
*un petit **chiot***

pushchair
poussette
*my brother's **pushchair***
*la **poussette** de mon frère*

pyjamas *pluriel*
pyjama
*I'm wearing **pyjamas**.*
*Je suis en **pyjama**.*

q   r

rainbow
arc-en-ciel
Look at the rainbow!
Regarde l'arc-en-ciel !

queen
reine
The queen lives in a castle.
La reine vit dans un château.

rabbit
lapin
a white rabbit
un lapin blanc

race
course
I'm winning the race.
Je gagne la course.

read
lire
I read a lot.
Je lis beaucoup.

quick
rapide
a quick lunch
un déjeuner rapide

radio
radio
We're listening to the radio.
Nous écoutons la radio.

ready
prêt, prête
Breakfast is ready.
Le petit déjeuner est prêt.

quiet
tranquille
a quiet little town
une petite ville tranquille

rain
pluie
I don't like the rain.
Je n'aime pas la pluie.

red
rouge
a red T-shirt
un tee-shirt rouge

a b c d e f g h i j k l m n o p q r s t u v w x y z

remember
se souvenir de
*I can't **remember** his name.*
*Je ne **me souviens** pas **de** son nom.*

restaurant
restaurant
*My brother works in a **restaurant**.*
*Mon frère travaille dans un **restaurant**.*

rice
riz
*I like **rice**.*
*J'aime le **riz**.*

rich
riche
*He's very **rich**.*
*Il est très **riche**.*

right
bon, bonne
*It isn't the **right** size.*
*Ce n'est pas la **bonne** taille.*

ring
bague
*That's a nice **ring**.*
*C'est une jolie **bague**.*

river
rivière
*What's this **river** called?*
*Comment s'appelle cette **rivière** ?*

road
route
*a long **road**
une longue **route***

robot
robot
*It's a talking **robot**.*
*C'est un **robot** qui parle.*

rocket
fusée
*a red **rocket**
une **fusée** rouge*

room
pièce
*It's a big **room**.*
*C'est une grande **pièce**.*

run
courir
*Run!
Cours !*

a b c d e f g h i j k l m n o p q **r** s t u v w x y z

S

sad
triste
Don't be **sad**.
Ne sois pas **triste**.

same
même
They're in the **same** class.
Ils sont dans la **même** classe.

sand
sable
I like playing in the **sand**.
J'aime jouer dans le **sable**.

sandwich
(sandwiches *pluriel*)
sandwich
a cheese **sandwich**
un **sandwich** au fromage

say
dire
What **did** you **say**?
Qu'est-ce que tu **as dit**?

school
école
We go to **school**.
On va à l'**école**.

scissors
ciseaux
Do you have any **scissors**?
Est-ce que tu as des **ciseaux**?

sea
mer
The **sea** is blue.
La **mer** est bleue.

second
deuxième
I came **second**.
Je suis arrivé **deuxième**.

see
voir
I **can see** her car.
Je **vois** sa voiture.

sell
vendre
He's **selling** his bike.
Il **vend** son vélo.

a b c d e f g h i j k l m n o p q r **s** t u v w x y z

31

send
envoyer
Send me an email.
Envoie-moi un mail.

shadow
ombre
That's my shadow.
C'est mon ombre.

sheep
(sheep *pluriel*)
mouton
The sheep is white.
Le mouton est blanc.

shirt
chemise
a new shirt
une nouvelle chemise

shoe
chaussure
a pair of shoes
une paire de chaussures

shop
magasin
a clothes shop
un magasin de vêtements

shorts *pluriel*
short
my brown shorts
mon short marron

shout
crier
Don't shout, children!
Ne criez pas, les enfants !

show
montrer
Show me the photos.
Montre-moi les photos.

shower
douche
a hot shower
une douche chaude

sick
malade
He's sick.
Il est malade.

sing
chanter
I sing in the choir.
Je chante dans la chorale.

sister
sœur
She's my sister.
C'est ma sœur.

a b c d e f g h i j k l m n o p q r s t u v w x y z

sit
s'asseoir
*Can I **sit** here?*
*Je peux **m'asseoir** ici ?*

skin
peau
*the **skin** on
my hand*
*la **peau** de
ma main*

skirt
jupe
*She's wearing
a **skirt**.*
*Elle porte
une **jupe**.*

sky
(skies *pluriel*)
ciel
*in the **sky***
*dans le **ciel***

sleep
dormir
*My cat **sleeps** in a box.*
*Mon chat **dort** dans
une boîte.*

slow
lent, lente
*The tortoise is very **slow**.*
*La tortue est très **lente**.*

smell
sentir
*Mmm, that **smells** good!*
*Mmm, ça **sent** bon !*

smile
sourire
*a pretty **smile***
*un joli **sourire***

snail
escargot
*The **snail** is very slow.*
*L'**escargot** est très lent.*

snake
serpent
*I don't like **snakes**.*
*Je n'aime pas les **serpents**.*

snow
neige
*I like **snow**.*
*J'aime la **neige**.*

snowman
(snowmen *pluriel*)
bonhomme de neige
*Look at my
snowman!*
*Regarde mon
**bonhomme
de neige** !*

soap
savon
*There's no **soap**.*
*Il n'y a pas
de **savon**.*

sock
chaussette
I've lost a sock.
J'ai perdu une
chaussette.

sofa
canapé
The dog is on the sofa.
Le chien est sur le canapé.

son
fils
I'm his son.
Je suis son fils.

sorry!
pardon !

soup
soupe
Eat your soup.
Mange ta soupe.

spaceship
vaisseau
spatial
a big spaceship
un grand vaisseau spatial

speak
parler
Do you speak English?
Est-ce que tu parles
anglais ?

spider
araignée
I don't like spiders.
Je n'aime pas les
araignées.

spoon
cuillère
Pass me a spoon.
Passe-moi une cuillère.

sport
sport
What's your favourite sport?
Quel est ton sport préféré ?

square
carré
a blue square
un carré bleu

stairs *pluriel*
escalier
He's on the stairs.
Il est dans l'escalier.

star
étoile
Can you see the star?
Tu vois l'étoile ?

a b c d e f g h i j k l m n o p q r s t u v w x y z

station
gare
*The train is at the **station**.*
*Le train est en **gare**.*

stick
coller
Stick it onto the paper.
Colle-le sur le papier.

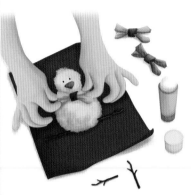

sticker
autocollant
*I have lots of **stickers**.*
*J'ai plein d'**autocollants**.*

stone
pierre
*big grey **stones***
*de grosses **pierres** grises*

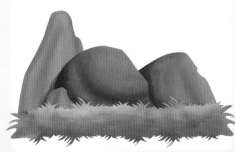

stop
arrêter
***Stop**, that's enough!*
***Arrêtez**, ça suffit !*

story
(stories *pluriel*)
histoire
*Can you read me a **story**?*
*Tu peux me lire une **histoire** ?*

street
rue
*the first **street** on the right*
*la première **rue** à droite*

strong
fort, forte
*She's very **strong**.*
*Elle est très **forte**.*

sun
soleil
*The **sun** is hot.*
*Le **soleil** chauffe.*

supermarket
supermarché
*We're going to the **supermarket**.*
*Nous allons au **supermarché**.*

surprise
surprise
*What a **surprise**!*
*Quelle **surprise** !*

swim
nager
*I can **swim**.*
*Je sais **nager**.*

swimming pool
piscine
*Where's the **swimming pool**?*
*Où est la **piscine** ?*

a b c d e f g h i j k l m n o p q r **s** t u v w x y z

t

table
table
on the **table**
sur la **table**

take
prendre
Take a card.
Prends une carte.

talk
parler
You **talk** too much.
Tu **parles** trop.

tall
haut, haute
a very **tall** building
un immeuble très **haut**

taxi
taxi
Wait for the **taxi**.
Attends le **taxi**.

tea
thé
a cup of **tea**
une tasse de **thé**

teddy bear
nounours
Do you like my **teddy bear**?
Tu aimes mon **nounours** ?

telephone
téléphone
Mum's on the **telephone**.
Maman est au **téléphone**.

television
télévision
What's on the **television**?
Qu'est-ce qu'il y a à la **télévision** ?

text message
SMS
Send me a **text message**.
Envoie-moi un **SMS**.

thank you!
merci !

think
penser
*What **are** you **thinking** about?*
*À quoi tu **penses** ?*

third
troisième
*I came **third**.*
*Je suis arrivé **troisième**.*

tie
cravate
*My dad wears **ties**.*
*Mon papa porte des **cravates**.*

tiger
tigre
*The **tiger** is very strong.*
*Le **tigre** est très fort.*

tired
fatigué, fatiguée
*I'm **tired**.*
*Je suis **fatigué**.*

toast
pain grillé
*some **toast** with jam*
*du **pain grillé** avec de la confiture*

today
aujourd'hui
*It's Monday **today**.*
***Aujourd'hui** c'est lundi.*

together
ensemble
*We're singing **together**.*
*Nous chantons **ensemble**.*

toilet *singulier*
toilettes
*Where's the **toilet**?*
*Où sont les **toilettes** ?*

tomato
(tomatoes *pluriel*)
tomate
*a red **tomato***
*une **tomate** rouge*

tomorrow
demain
*See you **tomorrow**!*
*À **demain** !*

tooth
(teeth *pluriel*)
dent
*I've lost a **tooth**.*
*J'ai perdu une **dent**.*

toothbrush
(toothbrushes *pluriel*)
brosse à dents
*Where's my **toothbrush**?*
*Où est ma **brosse à dents** ?*

a b c d e f g h i j k l m n o p q r s **t** u v w x y z

toothpaste
dentifrice
Do you have any
***toothpaste**?*
Est-ce que tu as du
***dentifrice** ?*

tortoise
tortue
*an old **tortoise***
*une vieille **tortue***

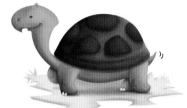

towel
serviette
*Can I have a **towel**?*
*Je peux avoir une **serviette** ?*

town
ville
*I live in a little **town**.*
J'habite dans une petite
***ville**.*

toy
jouet
*my brother's favourite **toy***
*le **jouet** préféré de mon frère*

tractor
tracteur
*a big **tractor***
*un grand **tracteur***

train
train
*a very fast **train***
*un **train** très rapide*

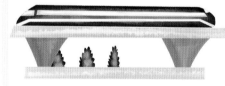

treasure
trésor
*the pirate's **treasure***
*le **trésor** du pirate*

tree
arbre
*a tall **tree***
un grand
arbre

triangle
triangle
*a yellow **triangle***
*un **triangle** jaune*

trousers *pluriel*
pantalon
*my new **trousers***
*mon **pantalon** neuf*

T-shirt
tee-shirt
*Put on your **T-shirt**.*
*Mets ton **tee-shirt**.*

a b c d e f g h i j k l m n o p q r s t u v w x y z

u

umbrella
parapluie
an orange and yellow
umbrella
*un **parapluie***
orange et jaune

understand
comprendre
*I don't **understand**.*
*Je ne **comprends** pas.*

uniform
uniforme
Do you wear
*a **uniform**?*
Est-ce que
vous portez
*un **uniforme** ?*

up
en haut
*The cat is **up** on the roof.*
*Le chat est **en haut***
sur le toit.

upstairs
en haut
*He's going **upstairs**.*
*Il va **en haut**.*

v

vanilla
vanille
*a **vanilla** ice cream*
*une glace à la **vanille***

vegetable
légume
*I like **vegetables**.*
*J'aime les **légumes**.*

very
très
***very** small*
***très** petit*

vet
vétérinaire
*The cat is at the **vet**.*
Le chat est chez la
***vétérinaire**.*

video game
jeu vidéo
*I'm playing a **video game**.*
*Je joue à un **jeu vidéo**.*

visit
visiter
We're going to
***visit** the castle.*
Nous allons
***visiter** le château.*

w

wait
attendre
Wait for me!
Attendez-moi !

wake up
se réveiller
Wake up!
Réveille-toi !

walk
marcher
He walks fast.
Il marche vite.

wall
mur
There are posters on the wall.
Il y a des posters au mur.

want
vouloir
Do you want some cake?
Tu veux du gâteau ?

warm
chaud, chaude
warm water
l'eau chaude

wash
se laver
Wash your hands!
Lave-toi les mains !

watch
(watches *pluriel*)
montre
I like your watch.
J'aime bien ta montre.

water
eau
I drink a lot of water.
Je bois beaucoup d'eau.

wave
vague
a very big wave
une très grosse vague

wear
porter
He's wearing a hat.
Il porte un chapeau.

webcam
webcam
Do you have a webcam?
Tu as une webcam ?

website
site web
*Mum's looking at a **website**.*
*Maman regarde un **site web**.*

well
bien
*She played **well**.*
*Elle a **bien** joué.*

wild
sauvage
*a **wild** animal*
*un animal **sauvage***

win
gagner
*I always **win**.*
*Je **gagne** tout le temps.*

week
semaine
*I play football every **week**.*
*Je joue au football chaque **semaine**.*

wheelchair
fauteuil roulant
*He's in a **wheelchair**.*
*Il est dans un **fauteuil roulant**.*

weekend
week-end
*I play tennis at the **weekend**.*
*Je joue au tennis le **week-end**.*

white
blanc, blanche
*My shirt is **white**.*
*Ma chemise est **blanche**.*

wind
vent
*I don't like the **wind**.*
*Je n'aime pas le **vent**.*

welcome!
bienvenue !

wife
(wives pluriel)
femme
*She's his **wife**.*
*C'est sa **femme**.*

window
fenêtre
*Open the **window**.*
*Ouvre la **fenêtre**.*

winner
gagnant, gagnante
She's the winner.
C'est elle la gagnante.

witch
(witches *pluriel*)
sorcière
It's a story about a witch.
C'est l'histoire d'une sorcière.

with
avec
Come with me.
Viens avec moi.

without
sans
without a coat
sans manteau

wolf
(wolves *pluriel*)
loup
I don't like wolves.
Je n'aime pas les loups.

woman
(women *pluriel*)
femme
a young woman
une jeune femme

word
mot
a word beginning with s
un mot qui commence par s

work
travailler
She works in a bank.
Elle travaille dans une banque.

world
monde
The world is big.
Le monde est grand.

write
écrire
I'm writing to my friend.
J'écris à mon ami.

wrong
faux, fausse
This answer is wrong.
Cette réponse est fausse.

a b c d e f g h i j k l m n o p q r s t u v **w** x y z

x

y

young
jeune
*She's **young**.*
*Elle est **jeune**.*

X-ray
radio
*an **X-ray** of my head*
*une **radio** de ma tête*

year
an
*I'm seven **years** old.*
*J'ai sept **ans**.*

z

xylophone
xylophone
*I play the **xylophone**.*
*Je joue du **xylophone**.*

yellow
jaune
*I'm wearing **yellow** shorts.*
*Je porte un short **jaune**.*

zebra
zèbre
*Look at the **zebra**!*
*Regarde le **zèbre** !*

yesterday
hier
*I was late **yesterday**.*
*J'étais en retard **hier**.*

zoo
zoo
*We're going to the **zoo**.*
*Nous allons au **zoo**.*

a
b
c
d
e
f
g
h
i
j
k
l
m
n
o
p
q
r
s
t
u
v
w
x
y
z

43

Animals
Les animaux

cat
chat

crocodile
crocodile

zebra
zèbre

elephant
éléphant

snake
serpent

penguin
pingouin

44 **giraffe**
girafe

wolf (wolves *pluriel*)
loup

lizard
lézard

horse
cheval

cow
vache

dog
chien

lion
lion

hippo
hippopotame

panda
panda

tiger
tigre

bird
oiseau

rabbit
lapin

fish (fish *pluriel*)
poisson

sheep (sheep *pluriel*)
mouton

monkey
singe

kangaroo
kangourou

45

Town
La ville

bakery (bakeries *pluriel*)
boulangerie

bank
banque

supermarket
supermarché

street
rue

shop
magasin

hospital
hôpital

station
gare

post office
poste

park
parc

46

plane
avion

bus (buses *pluriel*)
bus

train
train

car
voiture

bike
vélo

restaurant
restaurant

cinema
cinéma

market
marché

museum
musée

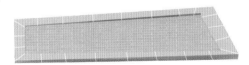
pavement
trottoir

47

School
L'école

rubber
gomme

sharpener
taille-crayon

pencil case
trousse

pupil
élève

schoolbag
cartable

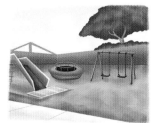

playground
cour de
récréation

48   **slide**
toboggan

roundabout
tourniquet

swing
balançoire

classroom
classe

pencil
crayon

pen
stylo

ruler
règle

exercise book
cahier

poster
poster

chair
chaise

computer
ordinateur

desk
bureau

cupboard
placard

interactive whiteboard
tableau interactif

teacher
professeur

House
La maison

attic
grenier

garage
garage

bedroom
chambre

dining room
salle à manger

bathroom
salle de bains

stairs *pluriel*
escalier

living room
salon

roof
toit

kitchen
cuisine

study (studies *pluriel*)
bureau

door
porte

window
fenêtre

garden
jardin

Bedroom
La chambre

alarm clock
réveil

bed
lit

toy
jouet

computer
ordinateur

CD player
lecteur de CD

bedside table
table de chevet

chest of drawers
commode

bookshelf
(bookshelves *pluriel*)
étagère

curtains
rideaux

wardrobe
armoire

lamp
lampe

mirror
miroir

pyjamas *pluriel*
pyjama

pillow
oreiller

duvet
couette

slippers
chaussons

desk
bureau

51

Food
La nourriture

crisps
chips

biscuit
biscuit

water
eau

plate
assiette

cup
tasse

knife (knives *pluriel*)
couteau

fork
fourchette

52 **spoon**
cuillère

apple
pomme

orange
orange

carrots
carottes

salad
salade

butter
beurre

cheese
fromage

chips
frites

ice cream
glace

bread
pain

burger
hamburger

chicken
poulet

fruit juice
jus de fruit

milk
lait

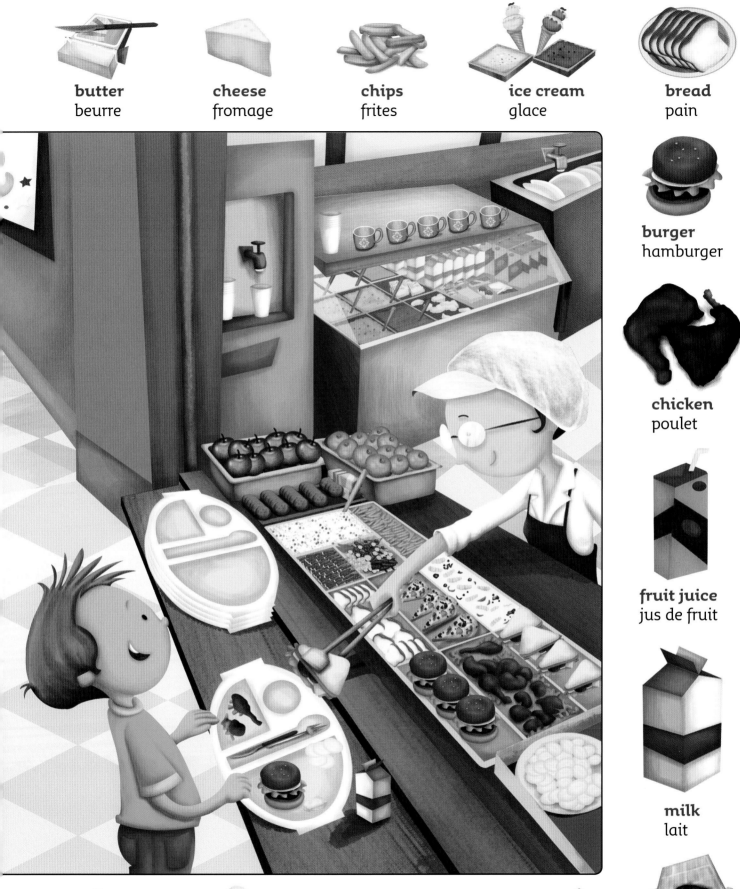

 **pasta** *singulier*
pâtes

 sandwich (sandwiches *pluriel*)
sandwich

 **pizza**
pizza

rice
riz

chocolate
chocolat

Happy birthday!
Bon anniversaire !

cake
gâteau

friend
amie

friend
ami

grandma
mamie

granddad
papi

crisps
chips

lemonade
limonade

balloon
ballon

camera
appareil photo

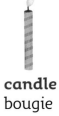

candle
bougie

dad
papa

mum
maman

sister
sœur

present
cadeau

sweets
bonbons

brother 55
frère

Body
Le corps

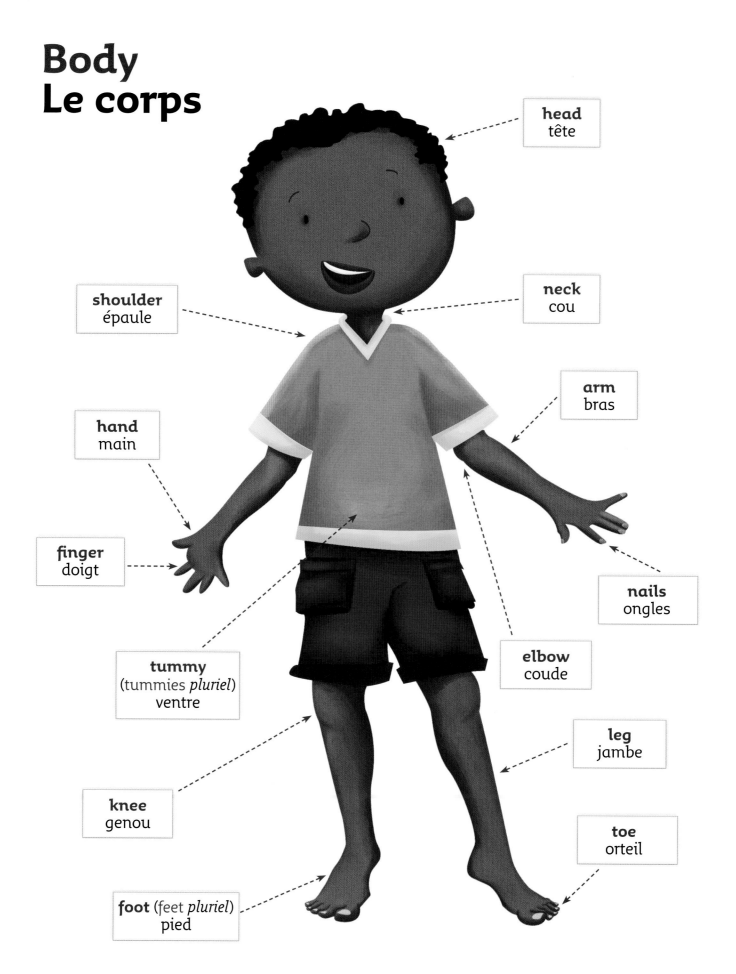

head
tête

neck
cou

shoulder
épaule

arm
bras

hand
main

finger
doigt

nails
ongles

tummy
(tummies *pluriel*)
ventre

elbow
coude

leg
jambe

knee
genou

toe
orteil

foot (feet *pluriel*)
pied

Face
Le visage

hair *singulier*
cheveux

eye
œil

ear
oreille

lip
lèvre

nose
nez

cheek
joue

mouth
bouche

teeth
dents

chin
menton

Colours
Les couleurs

black
noir, noire

blue
bleu, bleue

brown
marron

green
vert, verte

grey
gris, grise

navy
bleu marine

orange
orange

pink
rose

purple
violet, violette

red
rouge

white
blanc, blanche

yellow
jaune

Clothes
Les vêtements

sweatshirt
sweat

dress
(dresses *pluriel*)
robe

jacket
veste

jeans *pluriel*
jean

scarf
(scarves *pluriel*)
écharpe

gloves
gants

coat
manteau

jumper
pull

shoes
chaussures

shirt
chemise

socks
chaussettes

cap
casquette

trainers
baskets

top
haut

tights *pluriel*
côllant

trousers *pluriel*
pantalon

T-shirt
tee-shirt

skirt
jupe

Describing people
Les descriptions

I'm hot.
J'ai chaud.

I'm cold.
J'ai froid.

I'm hungry.
J'ai faim.

I'm sleepy.
J'ai sommeil.

I'm thirsty.
J'ai soif.

I'm happy.
Je suis heureuse.

I'm intelligent.
Je suis intelligente.

I'm sad.
Je suis triste.

Conversations
Les conversations

I'm lost.
Je suis perdue.

Why are you crying?
Pourquoi tu pleures ?

Please!
S'il te plaît !

Goodbye!
Au revoir !

Hello!
Bonjour !

When does school start?
À quelle heure commence l'école ?

How many brothers and sisters do you have?
Tu as combien de frères et sœurs ?

At nine o'clock.
À neuf heures.

I have one brother and two sisters.
J'ai un frère et deux sœurs.

63

What do you enjoy doing?
Qu'est-ce que tu aimes faire ?

I like...
J'aime...

dancing
danser

singing
chanter

playing guitar
jouer de la guitare

playing piano
jouer du piano

playing football
jouer au foot

riding my bike
faire du vélo

playing basketball
jouer au basket

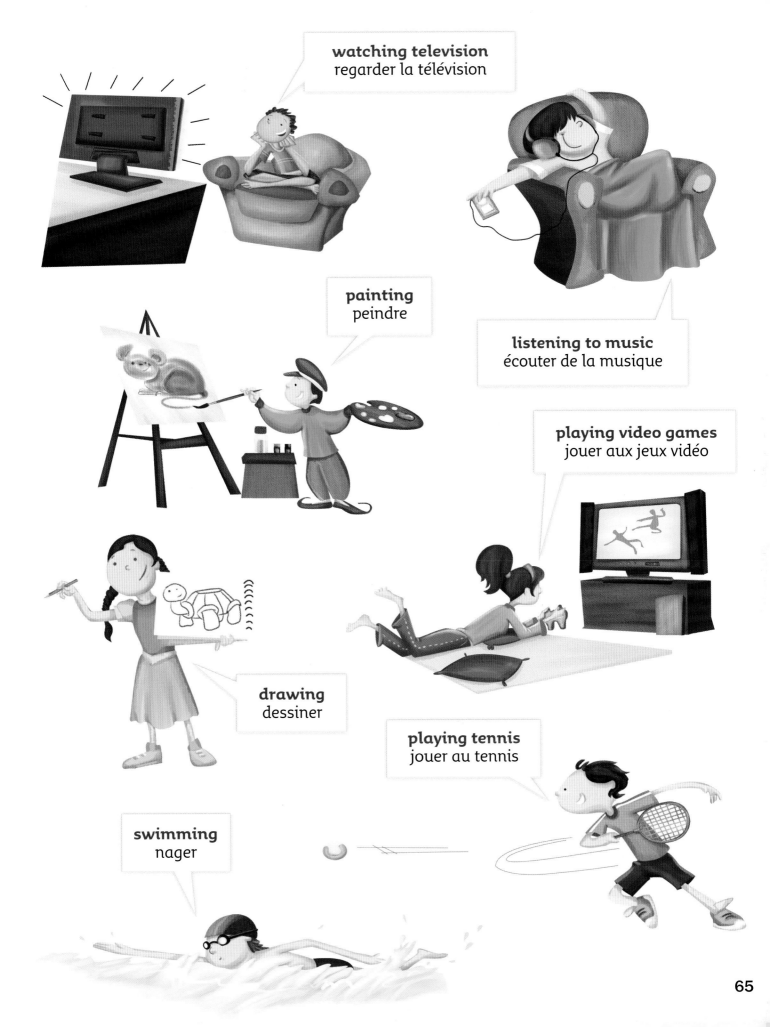

65

Months of the year
Les mois de l'année

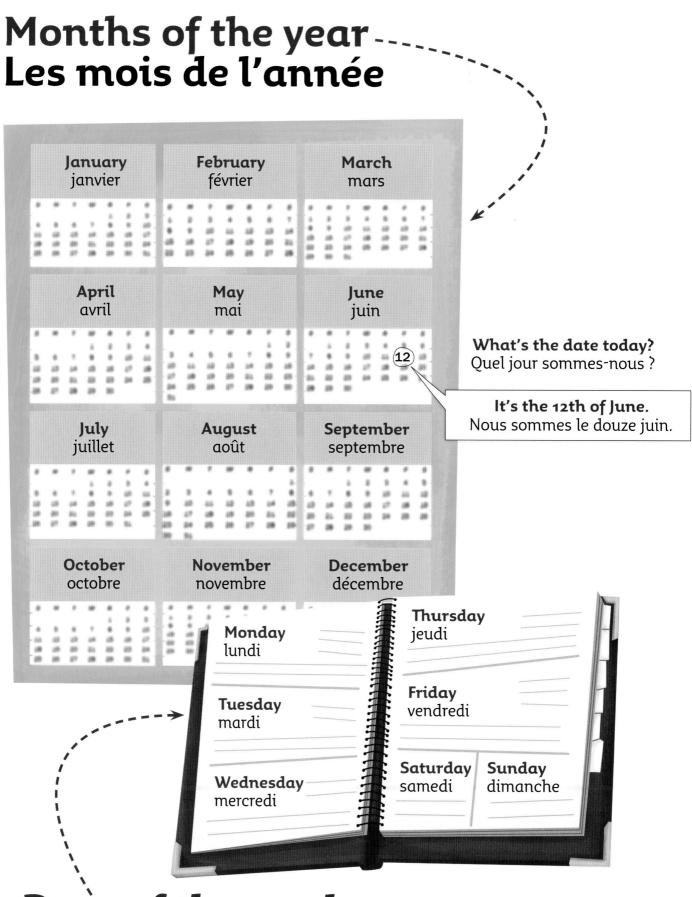

| January
janvier | February
février | March
mars |

| April
avril | May
mai | June
juin |

What's the date today?
Quel jour sommes-nous ?

It's the 12th of June.
Nous sommes le douze juin.

| July
juillet | August
août | September
septembre |

| October
octobre | November
novembre | December
décembre |

Monday lundi

Tuesday mardi

Wednesday mercredi

Thursday jeudi

Friday vendredi

Saturday samedi

Sunday dimanche

Days of the week
Les jours de la semaine

Seasons
Les saisons

spring
printemps

summer
été

autumn
automne

winter
hiver

What's the weather like?
Quel temps fait-il ?

It's cloudy.
Il fait gris.

It's cold.
Il fait froid.

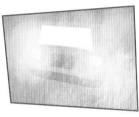

It's foggy.
Il y a du brouillard.

It's icy.
Il gèle.

It's overcast.
Le ciel est couvert.

It's raining.
Il pleut.

It's snowing.
Il neige.

It's stormy.
Le temps est orageux.

It's windy.
Il y a du vent.

It's hot.
Il fait chaud.

It's sunny.
Il y a du soleil.

It's nice.
Il fait beau.

Numbers
Les nombres

0 zero	10 ten	20 twenty	100 one hundred
1 one	11 eleven	21 twenty-one	101 one hundred and one
2 two	12 twelve	22 twenty-two	200 two hundred
3 three	13 thirteen	30 thirty	250 two hundred and fifty
4 four	14 fourteen	40 forty	500 five hundred
5 five	15 fifteen	50 fifty	1000 one thousand
6 six	16 sixteen	60 sixty	
7 seven	17 seventeen	70 seventy	
8 eight	18 eighteen	80 eighty	
9 nine	19 nineteen	90 ninety	

What's the time?
Quelle heure est-il ?

one o'clock
une heure

ten past one
une heure dix

quarter past one
une heure et quart

half past one
une heure et demie

twenty to two
deux heures moins vingt

quarter to two
deux heures moins le quart

What time...?
À quelle heure... ?

at quarter past eleven
à onze heures et quart

at midday
à midi

at one o'clock
à une heure

at six o'clock
à six heures

at quarter to nine
à neuf heures moins le quart

at midnight
à minuit

Where are they?
Où sont-ils ?

The dog is **behind** the television.
Le chien est **derrière** la télévision.

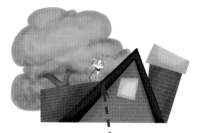

The cat is **up** on the roof.
Le chat est **en haut** sur le toit.

The car is **in front of** the house.
La voiture est **devant** la maison.

The mouse is **down** in the cellar.
La souris est **en bas** dans la cave.

The bird is **far away from** the tree.
L'oiseau est **loin de** l'arbre.

The tree is **near** the house.
L'arbre est **près de** la maison.

He is **here**.
Il est **ici**.

She is **there**.
Elle est **là**.

She is going **from** the house **to** the school.
Elle va **de** la maison **à** l'école.

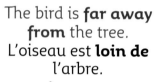

Wait for me **outside**.
Attends-moi **dehors**.

The cat is **in** the box.
Le chat est **dans** la boîte.

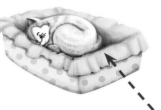

He is coming **out of** the garden.
Il sort **du** jardin.

He is jumping **into** the pool.
Il saute **dans** la piscine.

She's **inside** the house.
Elle est **à l'intérieur de** la maison.

The car is turning **left**.
La voiture tourne **à gauche**.

The bike is turning **right**.
Le vélo tourne **à droite**.

The cat is **under** the table.
Le chat est **sous** la table.

The dog is **between** the two cats.
Le chien est **entre** les deux chats.

The bank is **opposite** the restaurant.
La banque est **en face du** restaurant.

The dog is **on** the sofa.
Le chien est **sur** le canapé.

The bakery is **next to** the supermarket.
La boulangerie est **à côté du** supermarché.

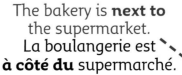

71

Les noms

Les mots comme « soleil » ou « guitare » sont des **noms**. En français, un nom est **masculin** (« un soleil ») ou **féminin** (« une guitare »). Devant un nom masculin, on emploie un **article** masculin (« un », « le ») et devant un nom féminin, un **article** féminin (« une », « la »).

En anglais, les noms n'ont pas de genre, ils ne sont ni masculins, ni féminins, et les articles non plus !

- Pour dire « le » et « la », il y a un seul article, **the**.

***The** sun is hot.*
***Le** soleil chauffe.*

- Pour dire « un » et « une », on utilise **a**. Attention, devant tous les mots qui commencent par une voyelle et certains mots qui commencent par la lettre « h », on emploie **an** au lieu de **a**.

*Can you read me **a** story?*
*Tu peux me lire **une** histoire ?*

***an** hour ago*
*il y a **une** heure*

- Le plus souvent, il suffit d'ajouter un **-s** à la fin d'un nom pour former son **pluriel**, c'est très simple ! Mais parfois, le pluriel d'un nom est **irrégulier** et ton dictionnaire te le donne entre parenthèses.

potato
(potato**es** *pluriel*)
pomme de terre

- Devant un nom pluriel, on utilise l'article **the** pour dire « les », exactement comme au singulier.

*Where are **the** candles?*
*Où sont **les** bougies ?*

- Les articles **this** (« ce/cet/cette... -ci ») et **that** (« ce/cet/cette... -là »), dont on se sert pour désigner les choses ou les personnes, ont des formes plurielles : **these** pour **this** et **those** pour **that**.

***This** answer is wrong.*
***Cette** réponse est fausse.*

- Les noms peuvent être remplacés par des **pronoms** dans une phrase. Voici une liste des pronoms anglais :

I	je
you	tu
he	il
she	elle
it	il/elle
we	nous
you	vous
they	ils/elles

Il n'y a qu'un mot en anglais pour « tu » et « vous », **you** : on l'utilise pour s'adresser à plusieurs personnes, pour parler à un ami ou à quelqu'un qu'on ne connaît pas. On utilise **it** pour tout ce qui n'est pas une personne (un objet ou un animal par exemple), là où on utilise « il » ou « elle » en français.

*Where is the insect? – **It** is on the leaf.*
*Où est l'insecte ? – **Il** est sur la feuille.*

Les adjectifs

Les mots comme « grand » ou « bleu » sont des **adjectifs**. Ils donnent des renseignements sur les noms qu'ils accompagnent. En français, l'adjectif a très souvent une forme différente selon que le nom est masculin ou féminin et il peut se placer avant ou après le nom (« un petit chien », « une robe verte »).

En anglais, l'adjectif se place avant le nom et garde toujours la même forme, que le nom soit au singulier ou au pluriel. On ne dit pas « des voitures noires » mais « des noires voitures » (**black cars**) !

black
noir, noire
*a **black** car*
*une voiture **noire***

Verbes

Les mots comme « manger » ou « courir » sont des **verbes**. Ils permettent de dire qui on est, ce qu'on fait ou ce qu'on ressent par exemple.

Devant le verbe, on trouve un mot indiquant qui accomplit l'action (« je », « nous », « Jeanne », « les jouets » par exemple). La forme du verbe dépend de ce mot.

Les verbes anglais ont beaucoup moins de formes que les verbes français. Au présent, il suffit de mettre un **-s** à la fin du verbe lorsque son sujet est une troisième personne du singulier (**he**, **Eve**, **the cat** par exemple). Parfois, il faut ajouter un **-es**, comme pour **to do** et **to go**.

to work	travailler		to do	faire		to go	aller
I **work**	je travaille		I **do**	je fais		I **go**	je vais
you **work**	tu travailles		you **do**	tu fais		you **go**	tu vas
he **works**	il travaille		he **does**	il fait		he **goes**	il va
she **works**	elle travaille		she **does**	elle fait		she **goes**	elle va
it **works**	il/elle travaille		it **does**	il/elle fait		it **goes**	il/elle va
we **work**	nous travaillons		we **do**	nous faisons		we **go**	nous allons
you **work**	vous travaillez		you **do**	vous faites		you **go**	vous allez
they **work**	ils/elles travaillent		they **do**	ils/elles font		they **go**	ils/elles vont

Mais certains verbes ont beaucoup de formes différentes, ils sont **irréguliers**. Ces deux-là sont très courants :

to have	avoir		to be	être
I **have**	j'ai		I **am**	je suis
you **have**	tu as		you **are**	tu es
he **has**	il a		he **is**	il est
she **has**	elle a		she **is**	elle est
it **has**	il/elle a		it **is**	il/elle est
we **have**	nous avons		we **are**	nous sommes
you **have**	vous avez		you **are**	vous êtes
they **have**	ils ont/elles ont		they **are**	ils sont/elles sont

To have et **to be** peuvent s'écrire et se prononcer de deux manières : une « complète » et une « abrégée » :

He's ou *He **has** got black hair.*
Il a les cheveux noirs.

I'm ou *I **am** happy.*
Je suis heureuse.

Quand on parle de ce qu'on est en train de faire, on utilise le verbe **to be** et on ajoute **-ing** à la fin du verbe :

*I'm **writing** to my friend.*
J'écris à mon ami.

74

Index

dans : in, into
danser : dance
dauphin : dolphin
de : from, of
décembre : December
dehors : outside
déjeuner : lunch (lunches *pluriel*)
demain : tomorrow
demander à : ask
dent : tooth (teeth *pluriel*)
dentifrice : toothpaste
derrière : behind
dessert : dessert
dessin : picture
dessiner : draw
deux : two
deuxième : second
devant : in front of
devoirs : homework *singulier*
dictionnaire : dictionary (dictionaries *pluriel*)
difficile : difficult
dimanche : Sunday
dîner : dinner
dinosaure : dinosaur
dire : say
dix : ten
dix-huit : eighteen
dix-neuf : nineteen
dix-sept : seventeen
doigt : finger
donner : give
dormir : sleep
douche : shower
douze : twelve
dragon : dragon
droit, droite : right
drôle : funny
dur, dure : hard
DVD : DVD

E, e

eau : water
écharpe : scarf (scarves *pluriel*)
école : school
écouter : listen
écrire : write
éléphant : elephant

élève : pupil
en bas : down, downstairs
en colère : angry
en haut : up, upstairs
en retard : late
encore une fois : again
enfant : child (children *pluriel*)
s'**ennuyer** : be bored
ennuyeux, ennuyeuse : boring
ensemble : together
entendre : hear
entre : between
envoyer : send
épaule : shoulder
escalier : stairs *pluriel*
escargot : snail
essayer : try
et : and
étagère : bookshelf (bookshelves *pluriel*)
été : summer
éteindre : turn off
étoile : star
être : be
exercice : exercise
extra-terrestre : alien

F, f

facile : easy
facteur : postman (postmen *pluriel*)
faire : do, make
famille : family (families *pluriel*)
fantôme : ghost
fatigué, fatiguée : tired
fauteuil roulant : wheelchair
faux, fausse : wrong
fée : fairy (fairies *pluriel*)
femme : wife (wives *pluriel*); **woman** (women *pluriel*)
fenêtre : window
fête : party (parties *pluriel*)
feu : fire
feu d'artifice : fireworks *pluriel*
février : February
figure : face

fille : daughter; girl
fils : son
fleur : flower
football : football
forêt : forest
fort, forte : loud; strong
fourchette : fork
fraise : strawberry (strawberries *pluriel*)
frère : brother
frigo : fridge
frites : chips
froid, froide : cold
fromage : cheese
fruit : fruit
fusée : rocket

G, g

gagnant, gagnante : winner
gagner : win
gamin, gamine : kid
gant : glove
garage : garage
garçon : boy
garder : keep
gare : station
gâteau : cake
gauche : left
géant : giant
genou : knee
gens : people
gentil, gentille : kind, nice
girafe : giraffe
glace : ice cream
gomme : rubber
gourmand, gourmande : greedy
grand, grande : big
grandir : grow
grenier : attic
grenouille : frog
gris, grise : grey
guitare : guitar

H, h

habiter : live
hamburger : burger
hamster : hamster
haut : top
haut, haute : tall

hélicoptère : helicopter
herbe : grass
hérisson : hedgehog
heure : hour
heureux, heureuse : happy
hier : yesterday
hippopotame : hippo
histoire : story (stories *pluriel*)
hiver : winter
homme : man (men *pluriel*)
hôpital : hospital
huit : eight

I, i

ici : here
idée : idea
île : island
image : picture
immeuble : building
incroyable : amazing
infirmier, infirmière : nurse
insecte : insect
intelligent, intelligente : intelligent
intéressant : interesting

J, j

jambe : leg
janvier : January
jardin : garden
jaune : yellow
jean : jeans *pluriel*
jeu : game
jeu vidéo : video game
jeudi : Thursday
jeune : young
joli, jolie : nice, pretty
joue : cheek
jouer : play
jouet : toy
jour : day
journal : newspaper
joyeux, joyeuse : happy
juillet : July
juin : June
jupe : skirt
jus : juice
jus de fruit : fruit juice

Le Robert benjamin

ANGLAIS

cahier d'activités

Comment utiliser ce cahier d'activités

Dans ce cahier, retrouvez tous les personnages du dictionnaire dans des activités ludiques à faire avec votre enfant :

- des dessins à faire ou à colorier
- des mots et des images à relier
- des jeux de lettres et de mots
- des quiz
- des devinettes
- et des dizaines d'autres petits exercices simples et amusants

- Quand cela est nécessaire, aidez votre enfant à lire les consignes et assurez-vous qu'il comprend ce qu'il faut faire.
- Incitez votre enfant à vérifier ses réponses (solutions à la fin du cahier) après chaque activité.
- Une fois les activités terminées, laissez-le revenir aux pages qu'il a préférées pour en discuter.
- Parlez avec lui de ce qu'il a appris.
- Encouragez-le à dire à haute voix les mots qu'il a appris.
- Dans « Souviens-toi », vous trouverez de petits conseils sur la langue anglaise (sa prononciation, son orthographe, etc.) et dans « Le savais-tu... ? » des informations sur la vie de nos amis anglais. « Entraîne-toi » propose des idées d'activités complémentaires.
- Le CD-ROM contient tout le cahier d'exercices, que vous pouvez imprimer, et tout le dictionnaire, ainsi que des chansons et des comptines. En cliquant sur un mot ou sur un exemple du dictionnaire, vous l'entendrez prononcé par un enfant. Demandez à votre enfant d'écouter attentivement puis de le répéter et de l'écrire. Vous l'aiderez ainsi à prononcer et à reconnaître de nouveaux sons.

HarperCollins Publishers
Westerhill Road
Bishopbriggs
Glasgow
G64 2QT
Great Britain

First edition/Première édition 2011

Reprint 10 9 8 7 6 5 4 3

© HarperCollins Publishers 2011
Collins® is a registered trademark
of HarperCollins Publishers Limited

www.collinslanguage.com

Dictionnaires Le Robert
25, avenue Pierre-de-Coubertin
75211 Paris cedex 13
France

www.lerobert.com

Dépôt légal 2011
Achevé d'imprimer en mai 2012

Printed in China by/Imprimé en Chine par
South China Printing Co., Ltd

COLLECTION DIRIGÉE PAR
Rob Scriven

DIRECTION ÉDITORIALE
Gaëlle Amiot-Cadey

COLLABORATEURS
Laurent Jouet
Jo Kentish
Laurence Larroche
Helen Morrison

COORDINATION ÉDITORIALE
Alex Hepworth

PHOTOCOMPOSITION ET ILLUSTRATIONS
Q2AMedia

Remerciements à Dominique Le Fur (Le Robert)

Ce cahier d'activités ne peut être vendu séparément.

Sommaire

Hello!
Bonjour !

Ces deux enfants viennent de se rencontrer. Lis ce qu'ils se disent. Est-ce que tu vois deux façons de se saluer (dire bonjour et au revoir), et deux questions et réponses ?

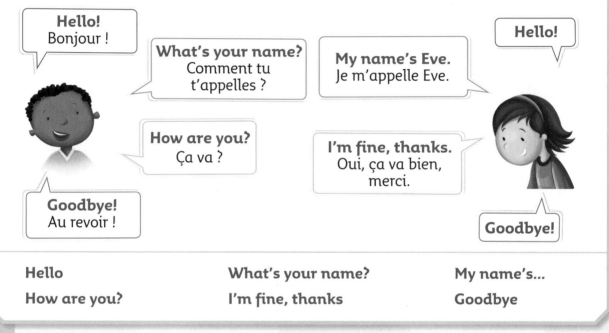

Hello!
Bonjour !

What's your name?
Comment tu t'appelles ?

My name's Eve.
Je m'appelle Eve.

Hello!

How are you?
Ça va ?

I'm fine, thanks.
Oui, ça va bien, merci.

Goodbye!
Au revoir !

Goodbye!

Hello	**What's your name?**	**My name's...**
How are you?	**I'm fine, thanks**	**Goodbye**

Je m'appelle...

Ces deux enfants se présentent en anglais. Lis les phrases sous les images. Ensuite, dessine-toi dans la case vide, dis bonjour en anglais et écris ton nom dessous.

Hello!
My name's Julie.

Hello!
My name's Mark.

_ _ _ _ _ _ !
My name's _____ .

Le savais-tu... ?

En général, on ne s'embrasse pas pour se dire « bonjour » et « au revoir » en Grande-Bretagne.

4

Qui est qui ?

Ce jeu se joue à deux. Choisis l'un des personnages ci-dessous et demande à l'un(e) de tes ami(e)s de le deviner. Il/Elle doit trouver son nom en posant la question **Am I called…?** « Je m'appelle… ? ». Si ton ami(e) a trouvé le bon personnage, dis **yes** (qui veut dire « oui »). Sinon, dis **no** (qui veut dire « non »).
Am I called…?

Ziggy **Bella** **Nellie** **Igor** **Frosty**

Continue à parler !

Deux enfants discutent. Mais tu n'entends que leurs réponses ! Retrouve les salutations et les questions qui manquent.

_____ !   Hello!

_____ ?   My name's Luke.

_____ ?   I'm fine, thanks.

_____ !   Goodbye!

Entraîne-toi

Prends des marionnettes ou bien simplement tes doigts et fais-leur dire ce que disent les personnages.

Numbers
Les nombres

Compte en anglais

Regarde ces images et compte les objets en anglais. Sous chaque image, écris le nombre en anglais : utilise le mot, pas le chiffre !

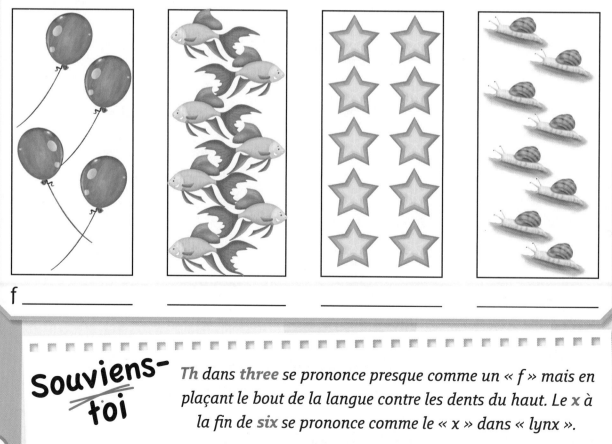

f _____   _____   _____   _____

Souviens-toi

*Th dans **three** se prononce presque comme un « f » mais en plaçant le bout de la langue contre les dents du haut. Le x à la fin de **six** se prononce comme le « x » dans « lynx ».*

Elles sont belles mes pommes !

Lis le nombre écrit en anglais sous chaque panier puis dessine toutes les pommes qu'il faut dans chaque panier. Ensuite, compte les pommes de chaque panier en anglais.

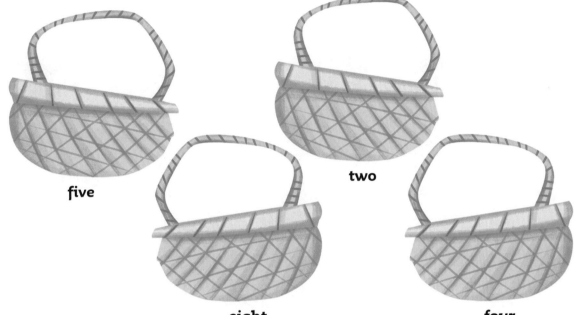

five

two

eight

four

Compte en anglais

Peux-tu faire ces calculs et écrire les résultats en anglais ?

four + two = _____

seven + three = _____

nine – eight = _____

ten – six = _____

one + _____ = eight

five – _____ = two

Entraîne-toi

Choisis de petits objets que tu vois autour de toi et amuse-toi à les compter en anglais. Tu peux les compter à haute voix ou dans ta tête. Peux-tu essayer de ne dire que les nombres pairs ou impairs, ou compter à l'envers, de dix à zéro ? C'est un peu plus difficile !

Colours
Les couleurs

Suis les lignes qui partent des pots de peinture et colorie les objets avec la bonne couleur.

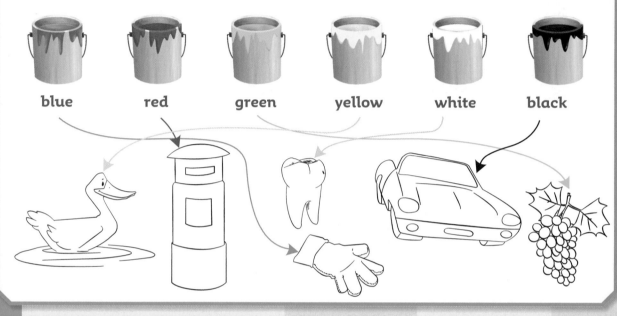

blue   red   green   yellow   white   black

C'est de quelle couleur ?

Écris la couleur de chaque dessin en anglais.

Pour t'aider, compte le nombre de tirets sous chaque dessin ; tu sauras combien de lettres il y a dans chaque mot.

_ _ _ _   _ _ _ _ _ _   _ _ _   _ _ _ _ _

Le savais-tu... ?

En Grande-Bretagne, les boîtes aux lettres et les voitures de la poste sont rouges.

Colorie les nombres !

Colorie chaque nombre avec la couleur écrite en dessous.

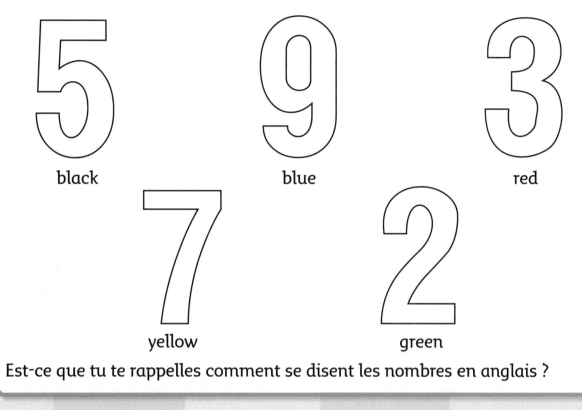

5

black

9

blue

3

red

7

yellow

2

green

Est-ce que tu te rappelles comment se disent les nombres en anglais ?

Correspondances

Relie le dessin à gauche à la couleur qui lui correspond à droite.

- • red

- • yellow

- • black

- • green

Entraîne-toi

Regarde autour de toi. Est-ce que tu vois l'une de ces couleurs quelque part ? Montre les objets et dis en anglais de quelle couleur ils sont !

My family
Ma famille

This is...

Mark nous présente sa famille.
This is veut dire « c'est ».

...my **mum**

...my **sister**

...my **dad**

...my **grandma**

...my **brother**

...my **granddad**

Bonjour, ma famille !

Dis bonjour aux membres de la famille. Aide-toi du premier exemple.

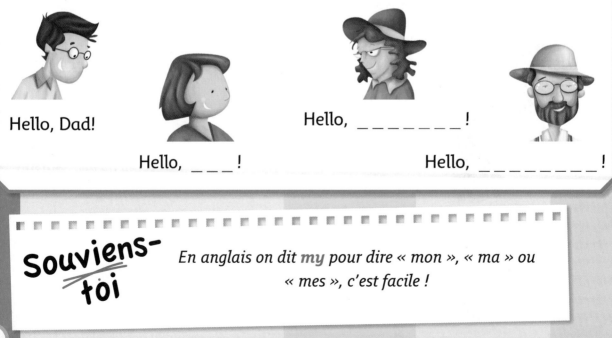

Hello, Dad!

Hello, _ _ _ !

Hello, _ _ _ _ _ _ _ !

Hello, _ _ _ _ _ _ _ _ !

Souviens-toi

*En anglais on dit **my** pour dire « mon », « ma » ou « mes », c'est facile !*

My favourite colour

Mark nous parle des couleurs que l'on préfère dans sa famille.
Colorie les vêtements de chaque personne en utilisant la couleur
qu'elle préfère. Le mot **likes** veut dire « aime ».

"My **dad** likes **red** and **black**."

"My **brother** likes **yellow** and **white**."

"My **mum** likes **green** and **red**."

"My **sister** likes **black** and **blue**."

Correspondances

Ces enfants parlent de leurs frères et sœurs. Lis ce qu'ils disent et relie-les à
l'image qui leur correspond. **I have** veut dire « j'ai ».

I have one brother
and two sisters.

I have two brothers.

I have one sister.

Entraîne-toi

*Est-ce que tu sais dire
combien de frères et sœurs tu
as ? Attention, souviens-toi
que le **-s** à la fin de **brothers**
ou **sisters** se prononce. Si tu
es fils ou fille unique, tu peux
dire **I am an only child**.*

Animals
Les animaux

Regarde ces animaux :

dog   cat   fish   rabbit   bird   horse   spider

Fais la liste des animaux dont le nom s'écrit avec un **i** :

1 _____   2 _____   3 _____

4 _____

Les animaux et leurs maisons

Qui habite là ? Relie les éléments entre eux, écris les mots qui manquent et dessine les images dans les cases vides.

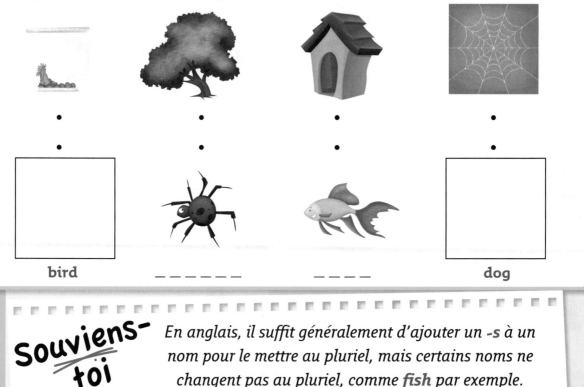

bird   _ _ _ _ _ _   _ _ _ _   dog

Souviens-toi

*En anglais, il suffit généralement d'ajouter un -s à un nom pour le mettre au pluriel, mais certains noms ne changent pas au pluriel, comme **fish** par exemple.*

Mots cachés

Peux-tu trouver six noms anglais d'animaux dans la grille ? Attention, ils sont écrits horizontalement mais aussi verticalement, de bas en haut ou de haut en bas !

r	i	c	f	i	s	h
a	s	a	b	e	g	u
b	o	t	l	e	x	o
b	h	o	r	s	e	d
i	f	e	t	n	w	r
t	a	h	d	o	g	i
f	i	s	c	m	i	b

Il manque un animal.

Lequel ? _____

Le savais-tu... ?

En anglais, les chiens font *woof woof* et les oiseaux *tweet tweet.*

woof woof

tweet tweet

Quiz

Réponds aux questions avec les mots anglais que tu as appris.

1 Quel animal vit dans l'eau ? _____

2 Quel animal est **black** ? _____

3 Peux-tu donner le nom de l'animal qui vit dans un terrier ?

_____

4 Quel animal a **eight** pattes ? _____

5 Quel animal aime poursuivre the **cat** ? _____

6 Lequel est le plus gros, the **spider** ou the **horse** ? _____

Clothes
Les vêtements

Les mots anglais ci-dessous désignent différents vêtements :

skirt   shirt   trousers   jumper

T-shirt   shoes   socks

Mini quiz

Écris tes réponses en anglais.

1   Qu'est-ce qu'on porte quand il fait froid ? _____

2   Qu'est-ce qu'on porte aux pieds ? _____

3   Quels vêtements se portent comme hauts ? _____

_____

4   Parmi ces vêtements, lesquels met-on pour aller à l'école ? _____

_____

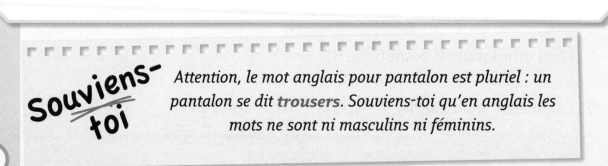

Souviens-toi

*Attention, le mot anglais pour pantalon est pluriel : un pantalon se dit **trousers**. Souviens-toi qu'en anglais les mots ne sont ni masculins ni féminins.*

14

Correspondances

Relie les mots aux vêtements sur l'image à gauche. Ensuite, dessine-toi dans la case à droite et relie les mots aux vêtements que tu portes.

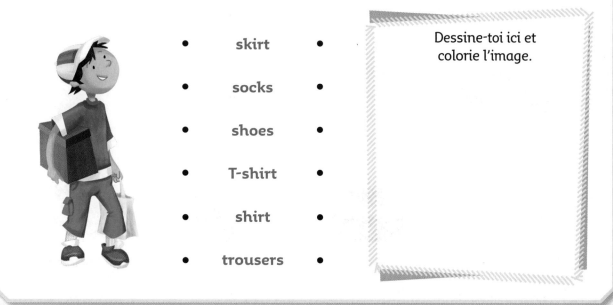

- skirt •
- socks •
- shoes •
- T-shirt •
- shirt •
- trousers •

Dessine-toi ici et colorie l'image.

Remplis la grille

Remplis la grille avec les noms anglais de vêtements.

1		r					s
2		–	h				
3		k					
4		o					
5			e				
6		h					

Entraîne-toi

Regarde à nouveau le dessin du garçon et celui que tu as fait de toi-même. Peux-tu dire en anglais de quelle couleur sont vos vêtements ?

Food
La nourriture

Les mots anglais ci-dessous désignent des choses qui se mangent :

pizza   ice cream   sandwich   orange

chips   cake   apple   pasta

Qu'est-ce qu'il y a sur la liste ?

Sur cette liste de courses, il y a des lettres qui manquent.
Peux-tu remplir les trous puis lire les mots ?

_ ran _ _   _ c _ _ _ _ am   _ h _ _ s

_ _ k _   a _ _ l _   _ as _ _

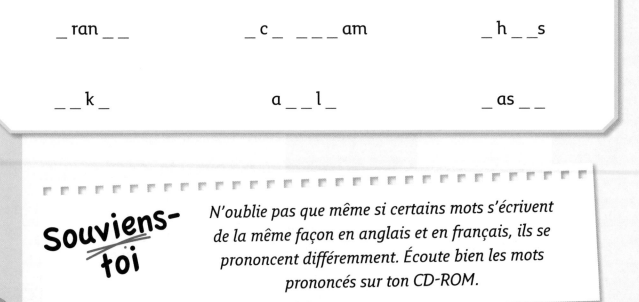

Souviens-toi

N'oublie pas que même si certains mots s'écrivent de la même façon en anglais et en français, ils se prononcent différemment. Écoute bien les mots prononcés sur ton CD-ROM.

À table !

Les assiettes sont vides ! Lis ce que chaque enfant veut pour son repas et dessine-le dans son assiette. L'un des enfants a oublié quelque chose ; à toi de choisir un aliment pour compléter sa liste et de le dessiner.

Pizza, apple and chips.

Sandwich, orange and apple.

Pasta, cake and _____.

À toi de jouer !

Pour ce jeu, il te faut un dé. Regarde le menu. Chaque aliment a un numéro. Lancez le dé à tour de rôle avec ton ami(e). Une fois le dé lancé, dites le nom et le numéro de l'aliment et entourez-le sur le menu. Chaque joueur utilise une couleur différente pour entourer les numéros. Le premier qui les a tous entourés a gagné !

Menu

1 pizza
2 sandwich
3 chips
4 apple
5 ice cream
6 cake

Entraîne-toi

Certains noms d'aliments s'écrivent de la même façon en anglais et en français, peux-tu dire lesquels ?

In my pencil case
Dans ma trousse

Qu'est-ce qu'il y a dans ta trousse ?

Suis les lignes qui vont des mots aux images.
Ensuite, écris les mots sous les images.

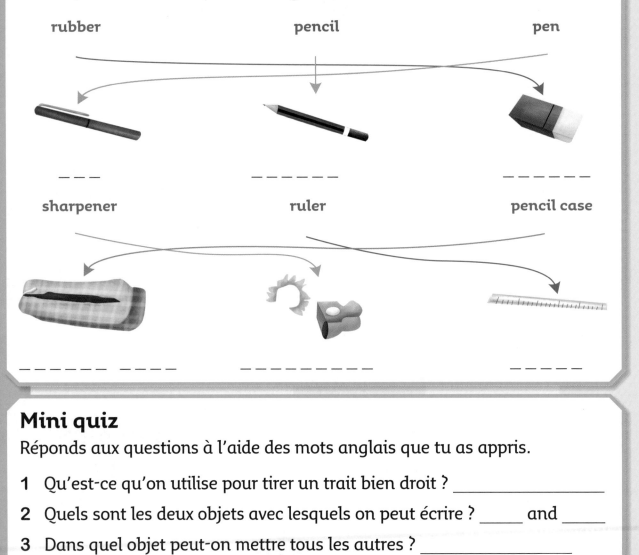

rubber   pencil   pen

_ _ _   _ _ _ _ _ _   _ _ _ _ _ _

sharpener   ruler   pencil case

_ _ _ _ _ _ _ _ _ _   _ _ _ _ _ _ _ _ _   _ _ _ _ _

Mini quiz

Réponds aux questions à l'aide des mots anglais que tu as appris.

1   Qu'est-ce qu'on utilise pour tirer un trait bien droit ? _____

2   Quels sont les deux objets avec lesquels on peut écrire ? _____ and _____

3   Dans quel objet peut-on mettre tous les autres ? _____

4   De quel objet est-ce qu'on se sert pour effacer les fautes ? _____

Souviens-toi

*Attention à ne pas confondre **pen** et **pencil**.*

Trouve l'objet qui manque !

Prends ces objets dans ta trousse et fais-en un tas sur la table devant toi. Ferme les yeux et demande à ton ami(e) d'en choisir un et de le cacher derrière son dos. Attention, on ne regarde pas ! Puis ouvre les yeux et essaie de trouver quel objet a disparu. Dis son nom en anglais.

Combien ?

Dessine le bon nombre d'objets dans les cases.

eight pencils

five rubbers

two pencil cases

Essaie de jouer au jeu de l'objet manquant avec 6 crayons de couleurs différentes. Peux-tu dire quelle couleur ton ami(e) a fait disparaître ? Donne le nom de cette couleur en anglais !

What do you like doing?
Qu'est-ce que tu aimes faire ?

Voici comment on dit ce qu'on aime faire en anglais :
I like...

1 ...playing football

2 ...reading

3 ...playing video games

4 ...dancing

5 ...drawing

6 ...riding my bike

7 ...swimming

Regarde les images et écris le nom français de l'activité que tu penses reconnaître. Pour vérifier tes réponses, regarde à la fin du cahier !

1 _____   2 _____   3 _____

4 _____   5 _____   6 _____

7 _____

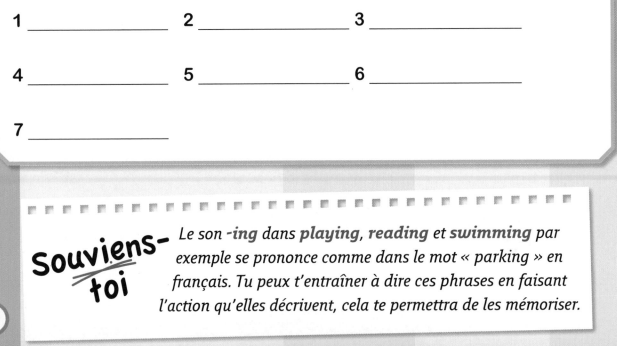

Souviens-toi *Le son -ing dans **playing**, **reading** et **swimming** par exemple se prononce comme dans le mot « parking » en français. Tu peux t'entraîner à dire ces phrases en faisant l'action qu'elles décrivent, cela te permettra de les mémoriser.*

Mes passe-temps

Choisis deux activités que tu aimes et dessine-toi en train de les faire.
Quelles sont les activités que tu as dessinées ? Écris ta réponse en anglais.

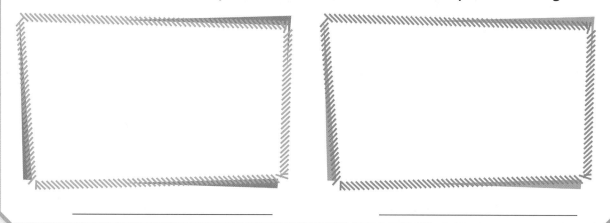

_____   _____

Ce que j'aime

I like en anglais veut dire « j'aime ».
Pour dire « **j'aime** lire » par exemple, on dit **I like reading**.
Regarde la liste des passe-temps ci-dessous.
Mets un ☺ en face des passe-temps que tu aimes.
Mets un ☹ en face de ceux que tu n'aimes pas.
Peux-tu dire à haute voix lesquels tu aimes ?

I like...

riding my bike ☐

swimming ☐

playing video games ☐

playing football ☐

dancing ☐

drawing ☐

Entraîne-toi

Si tu **n'aimes pas** quelque chose, dis **I don't like...** Par exemple, pour dire « je n'aime pas danser », dis **I don't like dancing**. Regarde les cases que tu as cochées. Est-ce que tu peux dire quelles activités tu aimes et quelles activités tu n'aimes pas ?

All about me
Tout sur moi

Dessine-toi dans la case et colorie l'image. Complète la phrase écrite dessous.

My name's _____

Sur le dessin

Qu'est-ce que tu portes comme vêtements ? Donne les noms anglais de deux vêtements que tu portes sur le dessin que tu as fait.
Les vêtements sont p. 14–15.

_____ and _____ .

Quelles sont les couleurs que tu as utilisées dans ton dessin ? Donne les noms anglais de deux couleurs que tu as utilisées. Les couleurs sont p. 8–9

_____ and _____ .

Souviens-toi

Tous les mots dont tu as besoin se trouvent dans les pages précédentes et aussi dans ton dictionnaire. Si tu n'arrives pas à répondre à ces questions, va les rechercher.

Ma famille

Dessine quelques-uns des membres de ta famille.

Qui as-tu dessiné ? Finis la phrase en anglais.

This is _____

_____

Entraîne -toi

Peux-tu dire ce que les membres de ta famille portent comme vêtements ?

Les choses que je préfère

Écris ce que tu préfères en anglais.
Hobby veut dire « passe-temps ».

My favourite **colour** is _____

My favourite **hobby** is _____

My favourite **animal** is _____

My favourite **food** is _____

23

Answers
Réponses

Page 4
Je m'appelle...
Vérifiez la réponse de votre enfant.

Page 5
Continue à parler !
Hello!
What's your name?
How are you?
Goodbye!

Page 6
Compte en anglais
ballons – four
poissons – seven
étoiles – ten
escargots – eight

Page 7
Elles sont belles mes pommes !

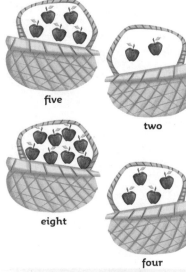

five

two

eight

four

Compte en anglais
four + two = <u>six</u>
seven + three = <u>ten</u>
nine – eight = <u>one</u>
ten – six = <u>four</u>
one + <u>seven</u> = eight
five – <u>three</u> = two

Page 8
Suis les lignes
Vérifiez que votre enfant a choisi la bonne couleur pour chaque objet.

C'est de quelle couleur ?

<u>b l u e</u>

<u>y e l l o w</u>

<u>r e d</u>

<u>g r e e n</u>

Page 9
Colorie les nombres !

5 black   **9** blue   **3** red

7 yellow   **2** green

Correspondances

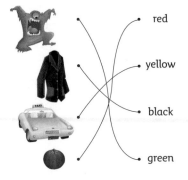

red

yellow

black

green

Page 10
Bonjour, ma famille !
Hello, <u>M u m</u> !
Hello, <u>G r a n d m a</u> !
Hello, <u>G r a n d d a d</u> !

Page 11
My favourite colour
papa – rouge et noir
frère – jaune et blanc
maman – vert et rouge
sœur – noir et bleu

Correspondances

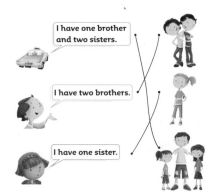

I have one brother and two sisters.

I have two brothers.

I have one sister.

Page 12
Liste des animaux
1 fish
2 rabbit
3 bird
4 spider

Les animaux et leurs maisons

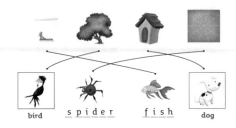

bird   <u>s p i d e r</u>   <u>f i s h</u>   dog